AF227332

CERCLE RÉPUBLICAIN D'INDRE-ET-LOIRE, A PARIS
196, rue Saint-Honoré, 196

CONSEILS

AUX

ÉLECTEURS

par M. Eugène CHEVALLIER

Archiviste du Cercle Républicain d'Indre-et-Loire

Faites lire cette brochure s'il-vous-plaît
par un grand nombre d'électeurs

CONSEILS

AUX

ÉLECTEURS

par M. Eugène CHEVALLIER

Archiviste du Cercle Républicain d'Indre-et-Loire

Par une délibération en date du 13 mars 1885, le Cercle républicain d'Indre-et-Loire, à Paris, a décidé de faire tirer à ses frais un certain nombre d'exemplaires de la brochure de M. Eugène Chevallier, intitulée : Conseils aux Électeurs, pour être adressée aux Correspondants du Cercle dans le département, à l'occasion des prochaines élections législatives.

Cette brochure étant destinée à la propagande républicaine, le Cercle invite ses correspondants à la faire lire aux Électeurs d'Indre-et-Loire.

DIJON
IMPRIMERIE RÉGIONALE
7, PETITE RUE DU CHATEAU, 7
—
1885

CONSEILS AUX ÉLECTEURS

I

Mes chers Concitoyens,

L'année 1885 aura pour la France une importance exceptionnelle. Notre pays aura, par suite des élections, une administration gouvernementale meilleure ou pire que celle que nous avons : le statu quo est impossible.

Gardons-nous de faire comme en Belgique : pas de réaction, ce serait trop dangereux, beaucoup plus dangereux chez nous que dans ce petit pays : allons de l'avant avec une hardiesse vigilante.

Mettons-nous promptement à l'œuvre pour préparer les élections prochaines, et pas d'abstention.

Les candidats ne vont pas tarder à se produire, à se faire appuyer, à se combattre. Nous, électeurs, nous sommes leurs juges intéressés, très intéressés dans la lutte : sachons donc faire notre devoir; apprenons à juger en connaissance de cause.

Si nous savions former une alliance de raison entre nous tous, qui composons la partie la plus active et la plus importante de la nation;

Si les travailleurs des champs pouvaient s'entendre, sur des bases équitables, avec leurs concitoyens des villes, qui comme eux, ont un grand intérêt à fortifier une République progressive, l'avenir serait assuré.

Nous n'aurions plus à redouter ces changements brusques, ces mouvements violents qui remettent en question les progrès acquis,

Nous affermirions la paix sociale, nécessaire, pour rendre à notre patrie la dignité et la force que l'empire lui a fait perdre.

Il ne faut pas nous placer au point de vue étroit de l'intérêt personnel, si nous voulons bien exercer nos droits électoraux; il faut nous élever plus haut, et voir les besoins généraux du pays.

Nos candidats préférés ne doivent donc pas être ceux qui nous plaisent le plus par leurs qualités aimables, mais ceux dont les sentiments de justice sont bien connus ; ceux qui préfèrent les intérêts de tous aux intérêts de quelques-uns.

La République démocratique est le gouvernement de tous les Français; elle doit une égale protection à tous les ci-

- 4 -

toyens. Elle doit protéger surtout ceux qui, par leur position, ne peuvent pas se protéger eux-mêmes.

N'oublions jamais cette loi fraternelle : solidarité entre
tous les membres de la nation, suivant la loi d'équité qui
veut que chacun reçoive selon le nombre et le mérite de ses
œuvres.

II

Repassons rapidement ensemble quelques dates de notre
histoire contemporaine, pour en tirer la moralité dont nous
avons besoin.

Après la Révolution de 1789 :

La République	1792
Le coup d'Etat et le Consulat	1799
L'Empire	1804
L'Invasion et la Royauté	1814
L'Empire	1815
L'Invasion et la Royauté	1815
La Révolution	1830
La Révolution	1848
Le coup d'Etat	1851
L'Empire	1852
L'Invasion	1870

Aujourd'hui nous avons la République démocratique à
consolider.

Les privilégiés, les monarchistes ont, par leur égoïsme,
été la cause de tous les changements politiques qui nous ont
empêchés de progresser régulièrement en France :

Si la généreuse Révolution de 1789 avait pu suivre son
mouvement progressif régulièrement, non seulement la
France, mais l'Europe tout entière vivrait prospère, dans la
paix et dans l'union.

Mais il a fallu une lutte acharnée pour établir et maintenir
en France, la transformation sociale qui s'est opérée dans
notre pays.

Cette période convulsive passée, nous pouvions établir et
consolider un gouvernement démocratique, avantageux au
développement de nos facultés et de notre bien-être, si au
lieu d'avoir des Napoléons, des Bourbons, des Orléans, nous
avions eu des Washingtons, et surtout, si nous avions su
conserver nos droits civiques et faire de bons choix électoraux.

Le passé est passé ; nous ne pouvons rien y changer ;
mais nous pouvons, nous devons y puiser un enseignement
et une règle de conduite pour le présent et pour l'avenir

Nous serions bien coupables, si nous restions insensibles à

ces malheureux événements historiques : profitons-en donc
et agissons sagement aux élections prochaines.

III

C'est surtout à nos amis, les électeurs ruraux, que j
m'adresse.

Moins au courant des événements politiques, ils sont plu
faciles à égarer; ce qui explique la trop grande facilit
que les gouvernements ont eu à se remplacer en France

Aussi devons-nous mettre tous nos soins à établir de
relations entre tous les électeurs, pour faire connaître l
République à ceux qui la comprennent mal.

Car, ses ennemis, encore puissants et nombreux
mettent tout en œuvre pour égarer ceux qui, par leu
position, ne peuvent pas apprécier les raisonnements per
fides de ces ennemis du bien public.

Nos amis des campagnes comprendront enfin qu'il es
temps de s'arrêter, et, comme l'instruction commence
pénétrer sérieusement dans les communes, ils apprécieron
mieux les avantages d'un gouvernement pouvant êtr
amélioré par notre concours à tous, sans révolution, san
violence, toujours à l'avantage des électeurs qui sauron
bien choisir leurs représentants.

Si des intempéries, des causes économiques, commer
ciales ou autres mettent, comme en ce moment, quelqu
malaise dans leur existence, ils sauront que la Républiqu
n'y est pour rien; et, au contraire, que ce gouvernement
plus que tout autre viendra en aide à leurs souffrances.

Les monarchistes disent aux hommes du peuple : c'es
la République qui est cause de ceci; c'est la Répu
blique qui est cause de cela; c'est nous qui pouvons sauve
la France; c'est nous qui sommes vos amis, vos véritable
protecteurs.

Mensonges ! Nous vous connaissons, messieurs; nou
savons les motifs qui vous font agir. — Nous avons l
pouvoir, nous voulons le garder. Nous voulons faire ins
truire nos enfants pour les armer d'une intelligence capabl
de les prémunir contre vos prétentions, contre vos flatterie
hypocrites.

Est-ce sage de choisir comme conseillers, comme protec
teurs, ceux qui ont le secret désir de nous gouverner, de
nous opprimer ? Non, non.

Pour ne pas être forcés de faire une nouvelle révolutior
un jour, pour s'affranchir de votre domination, les cam
pagnes comme les villes vous écarteront de la direction de
affaires politiques, des assemblées législatives, messieur
les réactionnaires.

IV

Napoléon Ier a agrandi la gloire militaire de la France ; c'est vrai ; mais il nous a ravi nos libertés ; il a fait tuer des millions de Français et nous a amené deux fois, les armées ennemies à Paris : en 1814 et en 1815.

Son neveu, après s'être emparé du pouvoir par un crime, nous a amené les Prussiens à Paris en 1870 ; il a ruiné la France, qui s'en ressentira encore longtemps ; il nous a fait perdre deux provinces, qui, heureusement, ne nous ont pas oubliés, et qui restent françaises par le cœur en attendant des temps meilleurs.

Deux héritiers de Napoléon III (le père et le fils), voudraient aujourd'hui tuer la République pour s'emparer de la France. Ils commencent par se combattre entre eux. Quels Français voudraient servir l'ambition de ces êtres immoraux ?

La famille d'Orléans ne nous offre pas plus de garanties. Famille d'ambitieux égoïstes. Philippe Egalité, père de Louis-Philippe, a voté la mort de son cousin Louis XVI, en 1793, espérant prendre sa place plus tard.

Louis-Philippe s'est fait chasser de France en 1848, après avoir escamoté la Révolution de 1830 à son profit.

Ses fils et petits-fils font des alliances qu'ils rompent, selon l'intérêt du moment. — Ils étaient avec Henri V, avec les légitimistes ; mais ils ont cru que la France se laisserait plus facilement tromper par eux s'ils se faisaient constitutionnels ; mais nous ne voulons pas d'eux, et les campagnes non plus, je l'espère bien.

V

Aujourd'hui, la France doit 25 milliards ; il faut payer l'intérêt de cette somme, c'est-à-dire plus d'un milliard chaque année : — un tiers du budget.

Qui a accru cette dette ? Les différentes monarchies qui se sont succédé.

Qui doit rétablir l'ordre dans les finances, la justice dans le pays ? Qui doit administrer avec sagesse et purifier la morale publique ? — La République.

C'est-à-dire nous tous, car la République démocratique, quand nous saurons tous bien la comprendre, sera la volonté raisonnée de la grande majorité des Français, représentée par des hommes que nous aurons choisis avec intelligence, parmi les meilleurs, pour travailler efficacement à notre bien-être.

Alors la République démocratique n'aura plus à craindre

ses ennemis (si elle en a encore), parce que nos enfants, qui seront devenus des hommes, la comprendront mieux que nous.

En attendant qu'un accord complet s'opère en France sur les questions politiques, tâchons, les uns par les autres, de nous instruire des choses de la vie publique; que cet enseignement mutuel nous préserve contre l'erreur et la perfidie.

Notre simple bon sens nous avertira souvent du danger et ceux qui auront notre confiance et qui la mériteront, nous aideront à suivre la bonne route; mais méfions-nous de ceux qui nous flatteront hypocritement pour avoir nos suffrages sans les mériter; à ceux-ci, ne faisons jamais de concessions.

VI

Nous voterons probablement au scrutin de liste en 1885. Cette manière de voter exigera, de la part des électeurs sérieux, une plus grande attention et quelques précautions essentielles.

Les électeurs des communes rurales ne devront pas s'en rapporter absolument aux comités départementaux; il sera bon de se réunir aux cantons pour former des bureaux de renseignements, afin de résister, s'il était nécessaire, à l'admission de candidats indignes ou incapables.

Quand je dis indignes, je ne parle pas seulement de la probité vulgaire, mais aussi de la probité politique. Celui qui prend le masque républicain pour cacher ses opinions monarchiques, manque de probité. — N'admettez pas, n'admettez jamais de candidats à double face. Mieux vaut un adversaire déterminé qu'un faux ami politique, toujours prêt à tourner, suivant l'orientation d'un vent favorable à son ambition.

Soyez fermes dans vos convictions, et quand vous ne pourrez juger par vous-mêmes, consultez vos amis les plus instruits, les plus généreux; ceux qui ont des principes larges, et non les esprits étroits et égoïstes.

Formez dans vos communes des centres où vous pourrez parler des affaires publiques en gens raisonnables. Vous vous instruirez réciproquement; vous comprendrez les intérêts généraux, et vous deviendrez de fervents républicains, parce que vous comprendrez mieux tous les avantages que la République peut vous donner.

Ne soyez pas des instruments aux mains des égoïstes; mais, si un de vos compatriotes a l'ambition généreuse de servir le pays, comme votre représentant à un degré quelconque, et s'il est capable de remplir son mandat consciencieusement, empressez-vous de lui accorder votre confiance et vos suffrages.

VII

L'éducation civique des habitants majeurs doit préoccuper tous ceux qui veulent le bien de la nation.

. Plus nous serons capables de travailler au perfectionnement du gouvernement de la République, plus nous serons capables d'améliorer nos propres affaires ; car les droits et les devoirs ont toujours pour base la justice et la raison.

Quand nous saurons choisir pour députés les hommes les plus dignes, non seulement nous aurons de bonnes lois nationales, mais encore nous aurons des communes parfaitement administrées, parce que nous saurons choisir nos conseillers municipaux avec autant de soin que tous nos élus.

Les communes rurales méritent toute notre attention, et nous ne pouvons trop faire pour elles. Les trois quarts de la population française appartiennent à ces communes ; mettons les campagnes bien en état de comprendre les avantages d'un gouvernement démocratique, et la République n'aura plus rien à craindre : le progrès sera assuré.

Mais si les villes oubliaient cette vérité mathématique et voulaient marcher sans l'assentiment des petites communes, celles-ci leur apprendraient bientôt qu'elles ont agi imprudemment : ce qui est arrivé déjà plusieurs fois malheureusement.

Faisons donc en sorte de marcher ensemble, pour que le pays tout entier profite de notre accord.

VIII

On vous dira, mes chers lecteurs, que la République a commis bien des fautes depuis 1870. Il est vrai que, depuis cette époque, nous aurions pu être mieux gouvernés ; mais à qui s'en prendre, si nous n'avons pas eu toutes les améliorations qu'il était possible d'obtenir ?

Nous devons nous en prendre à nous-mêmes, à notre ignorance, à notre indolence, à la routine qui nous rend trop indifférents aux résultats électoraux.

La République, c'est nous tous ; c'est le gouvernement de la volonté exprimée par la majorité des électeurs. Que cette majorité choisisse des hommes dévoués à la chose publique pour la représenter, mettant l'intérêt de la nation au-dessus de leurs intérêts individuels ; nous aurions des lois équitables, nous donnant toutes les satisfactions qu'il est raisonnable d'exiger, qu'il est possible d'obtenir.

Si nous avions un monarque, nous aurions droit de nous plaindre de sa politique ; car lui, chef héréditaire, pourrait beaucoup contre notre volonté ; c'est pourquoi il faut bien nous garder d'en revenir à ce système qui nous ôterait une grande partie de notre dignité, de notre liberté individuelle.

Mais, avec la République démocratique, nous gardons toujours la ressource de réparer le mal que nos mauvais choix ont occasionné.

Nous apprenons tous les jours à mieux connaître les hommes; et, sans violence, nous pouvons renvoyer nos élus et mettre à leur place des citoyens plus dignes de notre confiance. Ne nous en prenons donc qu'à nous-mêmes des imperfections de notre République.

Cherchons à nous améliorer pour l'améliorer; car elle vaudra plus ou moins, selon que nous aurons nous-mêmes plus ou moins de valeur.

Si nous le voulons, la République vaudra même mieux que la majorité des électeurs.

Choisissons, pour représenter la France dans nos assemblées électives, des républicains sincères, bien pénétrés des principes démocratiques, bien disposés à augmenter, par l'instruction populaire, la valeur de leurs compatriotes, bien disposés à améliorer, par de bonnes et équitables lois, notre existence morale et matérielle, et notre société s'en ressentira promptement.

C'est ce que nous devrons faire en 1885.
Dans notre intérêt bien entendu, ne cherchons pas, aux élections prochaines, des hommes à notre convenance personnelle ; élevons plus haut nos sentiments.

Voyons l'intérêt de notre Patrie, le bonheur de tous les Français, et nous ferons de bons choix, et nous ne tarderons pas à en récolter les fruits.

IX

Les luttes électorales, chers lecteurs, ne doivent pas être violentes, au contraire ; elles doivent être le résultat du raisonnement, de la réflexion, du bon sens.

Chaque électeur doit se former une conviction, soit par lui-même, soit avec l'aide d'amis sûrs.

Une fois votre choix consciencieusement fait, vous ne devez pas vous laisser aller aux entraînements trop communs, hélas, qui font souvent écarter les candidats dignes et dévoués, pour mettre à leur place des intrigants sans vergogne, qui vous trompent par leurs belles promesses.

Ô mes amis, je vous en conjure dans notre intérêt à tous; dans l'intérêt de notre chère patrie, ne donnez vos voix qu'aux républicains qui ne vous laisseront dans l'esprit aucun doute sur leurs véritables sentiments !...

C'est avec un bien grand désir d'être utile au pays que j'écris cette lettre. — Mais me direz-vous, vous n'avez aucune importance ; vous êtes un inconnu ? Vous ne pouvez avoir aucune influence sur les électeurs ?

Je ne suis pas de cet avis.

C'est parce que je n'ai aucun intérêt personnel ; c'est parce que je suis un vieux républicain, préoccupé des résultats à obtenir dans nos élections; c'est parce que je veux en France la consolidation de la République démocratique, la paix sociale et la conciliation des intérêts divers ; c'est par toutes ces raisons que ma lettre doit être utile.

Je suis bien placé par les accidents de mon existence, pour servir la véritable démocratie. Je suis né dans une petite ville ; par vocation j'ai voulu être, et je suis encore un éducateur de l'enseignement élémentaire. En cette qualité j'ai, pendant des années, vécu au milieu des populations rurales, auxquelles j'aurais voulu consacrer ma vie entière; — si les événements politiques n'étaient pas venus mettre à une rude épreuve mes sentiments de justice.

J'ai résisté, j'ai défendu la République contre les ennemis du peuple qui voulaient la tuer ; j'ai été forcé de me réfugier dans les grands centres, où je pouvais, plus facilement, conserver ma liberté et ma dignité.

Mais, j'ai toujours conservé une très grande sympathie pour cette masse, la plus considérable et la plus intéressante de la nation, que l'on appelle les paysans ; c'est pourquoi, aujourd'hui, je leur adresse, avec quelque confiance, mes conseils bienveillants.

X

Je n'exagère pas l'importance de mon intervention. Je crois remplir un devoir civique en étendant, autant qu'il m'est possible, ma participation dans la lutte électorale qui va s'ouvrir.

Si beaucoup de bons citoyens prennent comme moi, en dehors de tout intérêt personnel et de tout parti-pris, une part active à la bataille électorale, nul doute que la République démocratique, c'est-à-dire la cause de la justice, ne sorte fortifiée des élections de 1885.

Ceux que leur instruction, leur position mettent naturellement en position de conseiller les populations rurales, ne doivent pas manquer, et ne manqueront pas de le faire ; mais vous avez, mes chers lecteurs, un simple bon sens dont vous devez vous servir, après chaque consultation ; car il est très important que vous ne soyez jamais des instruments passifs et inintelligents.

Vous avez aussi, dans vos communes des hommes atta-

chés, par intérêts ou par principes, aux doctrines monarchiques. Vous saurez, tout, en les respectant quand ils méritent votre estime, vous saurez rester libres et comprendre,
qu'entre eux et vous il y a des privilèges pour eux, et la loi
égalitaire pour vous — ils voteront donc pour la monarchie
— vous pour la République.

Méfiez-vous surtout des prêtres qui attaquent le gouvernement qui les paie. — Il ne faut pas beaucoup de pénétra-
tion pour voir que ces hommes recherchent la domination.

Même ceux d'entre vous qui les suivez avec conviction
dans les questions de doctrine et de conscience, vous devez vous défier de leur propagande électorale, car ils sont
presque tous des ennemis de nos franchises, et des partisans
de l'ancien régime.

Ce n'est pas la guerre acharnée que je vous prêche, c'est
votre dignité, votre liberté, que je vous engage à faire res-
pecter envers et contre tous.

Nous n'aurons une vraie République démocratique, et par
conséquent la paix entre tous les citoyens français, que
lorsque l'éducation civique nous aura assez éclairés pour
rendre inoffensives toutes les manœuvres entreprises pour
nous tromper.

Dès maintenant, chers concitoyens des communes
rurales, vous êtes les véritables conservateurs de la République; c'est pourquoi je vous invite à prendre votre rôle au
sérieux, et à étudier les dangers, qu'il y aurait pour vous, à
vous laisser diriger par les ennemis de la démocratie.

XI

Voyons ensemble les conséquences d'un affaiblissement
de la République, par votre faute, chers lecteurs.

Si vous suiviez la direction politique que les monarchistes
voudraient vous imprimer, la réaction arriverait à une
restauration par des modifications successives des lois cons-
titutionnelles, ou par un coup d'Etat.

Cette restauration mettrait-elle plus d'accord entre nous ?
Guérirait-elle les maux dont nous souffrons ? Très certainement non.

Nous avons eu assez d'évolutions réactionnaires pour
en connaître les effets. Les meilleurs citoyens, les grands
cœurs, ceux qui donnent volontiers leur existence à la chose
publique, sont les premiers sacrifiés.

Leur œuvre, ce qu'ils ont tenté, ce qu'ils ont commencé;
tout le bien qui serait résulté de leurs efforts; tout est perdu.
Les dirigeants n'ont plus qu'un but : arrêter les idées pro-
gressives.

Et la masse populaire s'affaisse, s'amoindrit, perd la conscience de sa valeur, se laisse opprimer sans trop se plaindre.

C'est ainsi qu'un pays plein de sève et d'idées généreuses, capable et digne de marcher à la tête des autres peuples pour leur montrer la route du progrès, descend peu à peu et finit non-seulement par se laisser dépasser, mais encore par ne plus compter parmi les nations de premier ordre.

Nous n'en sommes pas là, et j'espère bien que nous maintiendrons, que nous agrandirons notre influence civilisatrice dans le monde ; c'est pourquoi je voudrais voir nos concitoyens des campagnes, comme nos concitoyens des villes, très au courant des questions politiques, très occupés des questions économiques et sociales ; afin que, connaissant bien leurs droits et leurs devoirs civiques, ils en fassent un généreux usage.

XII

En terminant cette lettre, et en résumant ce qu'elle contient, je vous engage, mes chers concitoyens, à vous occuper dès maintenant des élections prochaines.

Suivez attentivement les événements politiques et le mouvement électoral : renseignez-vous sur les hommes et sur les choses qu'il importe de connaître, pour prendre une part consciencieuse et importante à l'importante opération qui a pour but d'améliorer notre représentation nationale.

N'ayez pas peur des hommes de 48, quand vous en aurez d'honnêtes qui vous conseilleront ou qui accepteront votre mandat. Ces hommes, qui ont souffert dignement pour la République, doivent avoir votre préférence ; ils ont l'expérience, ils ont donné des preuves de leurs sentiments démocratiques ; vous courrez moins le risque de vous tromper.

Parmi les hommes plus jeunes, choisissez avec discernement les plus honnêtes, ceux qui vous feront des déclarations les plus franchement démocratiques. Mais ne donnez jamais votre confiance à ceux qui, ouvertement ou par insinuations, sont des adversaires plus ou moins redoutables du gouvernement que nous voulons conserver en le perfectionnant.

Il est d'autres candidats qui ne devront pas avoir votre confiance, ce sont les ambitieux qui ont accepté tous les régimes pour rester en vue. — Je ne comprends pas dans cette catégorie ceux qui, profitant de l'expérience, et par un mouvement généreux de leur nature, ont, comme notre grand poète V. Hugo, toujours progressé dans leurs sentiments démocratiques.

Nos concitoyens d'un certain âge, qui ont fait autrefois la faute de voter *oui* aux plébiscites de l'empire, non-seulement devront reconnaître leur erreur, mais ils devront encore prémunir les jeunes contre les entraînements irréfléchis, que pourrait faire naître le nom légendaire de Napoléon, en leur rappelant nos désastres de 1870.

Les événements de cette époque doivent nous ôter l'idée de confier à un homme, quel qu'il soit, le soin de notre destinée. — La nation doit toujours rester souveraine, afin d'arrêter ceux qui abuseraient de sa confiance.

Les candidats favorables à la famille d'Orléans ; les candidats qui veulent mêler la religion à la politique doivent également être écartés par vous comme des hommes dangereux.

La République ne peut donner de bons fruits que si, à tous les degrés, elle est administrée par des républicains convaincus.

XIII

Vous n'aurez pas, vous ne pourrez pas avoir une action directe sur tel ou tel candidat, mes chers lecteurs. Les listes seront faites par des comités qui vous seront souvent peu connus. — Ayez donc à la commune ou au canton, des délégués pouvant vous renseigner sur la valeur des candidats que vous ne connaissez pas personnellement.

On vous présentera plusieurs listes ; si vous avez pris les précautions que je vous ai indiquées, vous saurez qui vous pouvez conserver sur la liste que vous mettrez dans l'urne : mais ne manquez pas d'effacer les noms qui vous paraîtront dangereux, pour les remplacer par des démocrates dignes de votre confiance.

Au scrutin de ballottage vous serez moins libres, et souvent, les besoins de la discipline exigeront que vous fassiez le sacrifice de vos préférences, pour soutenir la liste républicaine contre la liste plus ou moins réactionnaire.

J'arrête ici ma première lettre ; je vous en adresserai une seconde, si je le crois utile ; mais avant de vous quitter, laissez-moi vous rappeler que l'avenir démocratique, c'est-à-dire le progrès en faveur de tous, dépend de vous ; des choix que vous ferez aux élections prochaines.

J'espère que mes vœux en faveur de la nation seront compris, et que les élections de 1885 seront entièrement favorables à la République.

Agréez, chers Concitoyens, les civilités cordiales de votre tout dévoué.

Eugène Chevallier

Paris, le 1er novembre 1884.

CERCLE RÉPUBLICAIN D'INDRE-ET-LOIRE

—

Séance du 28 février 1885.

—

Extrait du RAPPORT sur la brochure de M. E. Chevallier.

Conseils aux Électeurs.

—

C'est un plaisir très-réel pour moi que d'être appelé aujourd'hui à vous rendre compte de la très intéressante brochure dont notre compatriote M. E. Chevallier a fait hommage à notre Cercle, dont il est membre si dévoué. Vous connaissez M. E. Chevallier, vous l'avez vu à l'œuvre. Dire dès lors que cette brochure est l'œuvre d'un patriote préoccupé des intérêts généraux du pays ; qu'elle est conçue dans un esprit de sagesse et de véritable conciliation, c'est énoncer devant vous une vérité d'ordre élémentaire et presque banale. Je pense le plus grand bien de cette brochure, et je saisis avec empressement l'occasion qui m'est offerte de m'arrêter un instant sur les idées générales qui ont guidé son auteur et d'en faire devant vous une analyse succincte.

. . . .

Je dis comme M. E. Chevallier : « Choisissez pour vous représenter des hommes de convictions solides. Eloignez les intrigants et les coureurs de place. Eloignez surtout les politiciens de métier, sans conviction, prêts à tourner à tous les vents et qui ne voient dans l'exercice des fonctions publiques que le moyen de vivre aux frais du budget. Chassez du temple les charlatans de popularité. Dites à vos postulants que le travail, l'étude attentive des problèmes politiques, des questions économiques et d'éducation, leur compteront plus à vos yeux que les interpellations bruyantes et les mesquines rivalités de personnes. Enfin soyez unis. L'union est indispensable, plus peut-être que vous ne le croyez, au triomphe définitif de vos idées et de vos convictions républicaines. Luttez et combattez par la libre discussion. Le jour où tous les bons citoyens prendront exemple à cet égard sur l'auteur de la brochure dont je viens de vous rendre compte, le jour où ils déploieront dans l'intérêt de leur pays le patriotisme éclairé et le zèle infatigable de notre cher compatriote M. E. Chevallier, ce jour-là nous pourrons nous reposer tranquilles sur l'avenir de la République et de la France.

R. FRANCK.

IMPRIMERIE RÉGIONALE, 7, Petite rue du Château, DIJON

Parmi les nombreuses adhésions, reçues par l'auteur, nous transcrivons les suivantes :

Mon cher Concitoyen,

Je vous remercie de me communiquer votre excellente et utile publication. Eclairer le peuple, c'est assainir l'avenir.

Je vous envoie tous mes vœux de succès.

Victor HUGO

Votre publication me paraît très bien conçue, bonne et utile. Je ne puis qu'en souhaiter la propagation.

Henri MARTIN

Caprera, 10 mai 1881.

Mon cher Chevallier,

Merci pour votre précieux ouvrage.

Votre dévoué,
G. GARIBALDI

Cher Monsieur Chevallier,

Je viens de lire votre livre. Il est certainement appelé à nous rendre des services. L'esprit en est irréprochable, la forme en est excellente.

Bien à vous,

DE HÉRÉDIA,
député de Paris, président de la Société
philothecnique.

Cher Monsieur Chevallier,

Je vous suis très reconnaissant de votre *Abrégé de l'Histoire Populaire de France* que je viens de recommander à Vauchez, pour notre catalogue des bibliothèques populaires. Il me paraît très bien fait, aussi complet que le comportait un cadre aussi restreint et conçu dans un esprit très sage. Il doit faire un excellent livre pour ceux qui cherchent à s'instruire, et je vous en fait tous mes compliments.

A vous bien cordialement,

Jean MACÉ
Président de la Ligue Française de l'Enseignement

25 juin 1883.

Cher Monsieur Chevallier,

Votre *Abrégé de l'Histoire de la Révolution française*, de 1789 à nos jours, me paraît très bien conçu pour ceux qui n'ont pas le temps de parcourir de nombreux volumes et qui se noient dans les détails. Apportez-m'en 6 volumes reliés que je me propose d'offrir à des bibliothèques du Jura.

Je vous serre la main bien cordialement.

Emmanuel VAUCHEZ,
Secrétaire général de la Ligue française
de l'Enseignement.

IMPRIMERIE RÉGIONALE

DIJON, 7, PETITE RUE DU CHATEAU, 7, DIJON.

www.ingramcontent.com/pod-product-compliance
Lightning Source LLC
Chambersburg PA
CBHW061156050726
47594CB00008B/3440